আমার
is my HERO

তুমি আমাকে নিরাপদ এবং
ভালোবাসার অনুভূতি দাও।

Tumi amake nirapod
ebong bhalobashar onubhuti dao

You make me feel
safe and loved

তুমি আমার সেরা বন্ধু।

Tumi amar sera bondhu

You are my best friend

তোমার ভালোবাসা আমাকে শক্তি দেয়।

Tomar bhalobasha amake shokti day

Your love gives me strength

তুমি জীবনকে অনেক ভালো
করে তুলেছ।

Tumi jibonke onek bhalo kore tulecho

You make life so much better

আমার ওপর বিশ্বাস
রাখার জন্য ধন্যবাদ।

Amar upor bishash
rakhar jonno dhonnobad

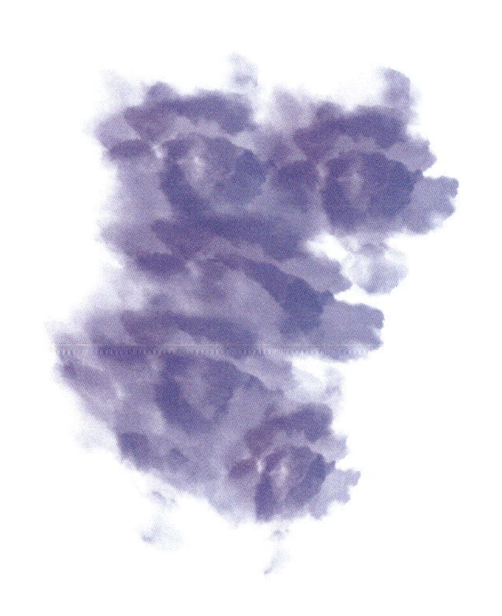

Thank you for believing in me

তুমি আমার প্রথম নায়ক।

Tumi amar prothom nayok

You are my first hero

তোমার সাথে সময় কাটাতে ভালো লাগে।

Tomar sathe shomoy katate bhalo lage

I love spending time with you

তোমার ধৈর্য এবং বোঝার জন্য ধন্যবাদ।

Tomar dhorjo ebong bojhar jonno dhonnobad

Thank you for your patience and understanding

আমাদের একসাথে বিশেষ মুহূর্তগুলো আমি ভালোবাসি।

Amader eksathe bishesh muhurto gulo ami bhalobashi

I love our special moments together

সবসময় শোনার জন্য ধন্যবাদ।

Shobshomoy shonar jonno dhonnobad

Thank you for always listening

তুমি সবসময় আমার পাশে
আছো জেনে আমি
নিরাপদ বোধ করি।

Tumi shobshomoy amar pashe acho
jene ami nirapod bodh kori

I feel safe knowing
you are always there for me

তোমাকে বাবা হিসেবে
পেয়ে আমি নিজেকে
ভাগ্যবান মনে করি।

Tomake baba hisebe peye ami
nije ke bhagyoban mone kori

I feel lucky
to have you as my dad

তোমার কঠোর পরিশ্রমের
আমি প্রশংসা করি।

Tomar kothor porishromer
ami proshongsha kori

I appreciate your hard work

আমার জন্য যা কিছু
করেছ তার জন্য ধন্যবাদ।

Amar jonno ja kichu
korecho tar jonno dhonnobad

Thank you for everything
that you do for me

আমার স্বপ্নগুলোতে সবসময় বিশ্বাস রাখার জন্য ধন্যবাদ।

Amar shopnogulo te shobshomoy bishash rakhar jonno dhonnobad

Thank you for always believing in my dreams

তোমার অনন্ত ভালোবাসার জন্য ধন্যবাদ।

Tomar ononto bhalobashar jonno dhonnobad

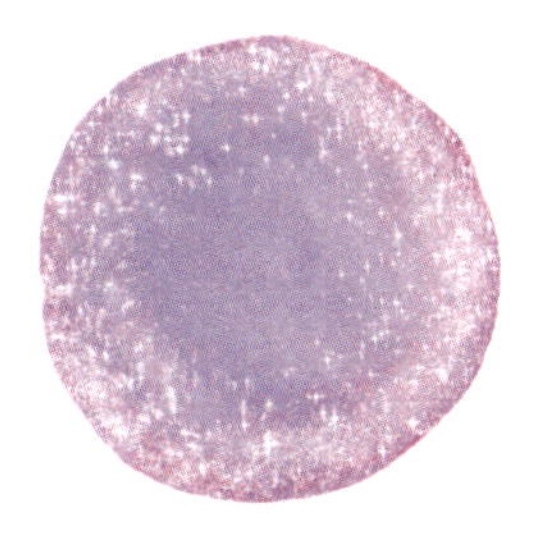

Thank you for your endless love

তুমি পৃথিবীর সেরা বাবা!

Tumi prithibir sera baba!

You are the best dad

in the world!

আমি তোমাকে ভালোবাসি!

Ami tomake bhalobashi!

I love you!

Printed in Dunstable, United Kingdom